Santo Onofre

História e novena

Tarcila Tommasi, FSP

Santo Onofre

História e novena

Direção-geral: *Flávia Reginatto*
Editora responsável: *Andréia Schweitzer*
Copidesque: *Mônica Elaine G. S. da Costa*
Coordenação de revisão: *Marina Mendonça*
Revisão: *Simone Rezende*
Gerente de produção: *Felício Calegaro Neto*
Produção de arte: *Tiago Filu*

1ª edição – 2018
1ª reimpressão – 2022

Paulinas

Rua Dona Inácia Uchoa, 62
04110-020 – São Paulo – SP (Brasil)
Tel.: (11) 2125-3500
http://www.paulinas.com.br – editora@paulinas.com.br
Telemarketing e SAC: 0800-7010081

Apresentação

Vivemos numa sociedade que prioriza a aparência, o individualismo, o *ter* mais do que o *ser*. Desconhecendo o objetivo real da vida, podemos cair nessa "onda'. Mas, ao contrário, quem se empenha no crescimento e no cultivo de seus valores pessoais, sociais e transcendentais, alcança uma vida plenificada.

Feliz a pessoa que acorda para este objetivo e se orienta para a conquista do seu aperfeiçoamento nas várias áreas de sua vida.

Decisão e coragem são condições necessárias para empreender o caminho que conduz à libertação, à superação de si mesmo e das tendências pessoais que podem prejudicar. Todo ser humano foi criado à imagem e à semelhança de Deus, que é Amor. E nossa realização está no amor: esta é a fonte. Drogas, dinheiro, sexo, bebidas não conseguem dessedentar nossa sede de "algo mais" que nos torna felizes.

Muitas vezes é necessário procurar ajuda de um profissional, ou frequentar um grupo que também esteja em busca de orientação para superar os limites pessoais. A ajuda da família e dos amigos, bem como o apoio espiritual sempre favorecem o tratamento.

A história nos traz o testemunho de muitas pessoas que realizaram este ideal e foram fiéis a seus compromissos. A fé em Deus, cuja imagem e semelhança carregam em seu ser, foi sempre a Luz que guiou seus passos e as sustentou na caminhada.

Santo Onofre é o testemunho de quem alcançou pleno êxito neste empenho de mudar e transformar a vida.

É verdade que causa estranheza para nós o fato de alguém abandonar riquezas, poder, prazeres para assumir uma vida de silêncio, de pobreza total e de oração em pleno deserto.

Como pode acontecer isso? Continue a ler, você vai gostar e admirar-se com o testemunho de Santo Onofre.

A autora

Resumo biográfico de Santo Onofre

Ao visitar, em Roma, o museu do castelo Santo Ângelo, os visitantes se deparam com uma pintura um tanto estranha para nós, hoje: a imagem de um velho anacoreta, monge contemplativo, do século IV. Trata-se de Santo Onofre.

Onofre era descendente do rei da Pérsia e ainda jovem renunciou à coroa real e a todas as vantagens que lhe eram atribuídas. Na juventude viciou-se na bebida, mas com muita força de vontade, fé em Deus e ajuda da família venceu esta conduta que lhe era prejudicial.

Para completar sua formação, Onofre entrou num mosteiro, onde fez o noviciado e preparou-se para a vida consagrada a Deus. Nesse período, ainda no mosteiro, sentiu-se "chamado" a imitar São João

Batista, em sua vivência no deserto. Foi assim que ele decidiu viver como eremita no deserto do Saara (África), onde permaneceu por mais de sessenta anos. Ali dedicou-se à oração. Mas o "inimigo do bem" também o tentava, procurando tirar-lhe a paz. Com a força da oração, Onofre sempre venceu o tentador.

Além da luta interior, Onofre enfrentou por muito tempo a fome e a sede, mas era sempre consolado pela presença de Deus. Ao lado da gruta havia uma tamareira que lhe dava os frutos para sua alimentação. Conseguiu também recolher folhas de árvore para ter com que se cobrir. E os cabelos, deixou-os sempre bem longos, como mostra a pintura.

Estas informações foram-nos transmitidas por um amigo seu, o abade Pafúncio, que o visitava no deserto. É a única fonte de que dispomos para o conhecimento da vida de Onofre.

Em certa ocasião, Onofre conduziu o abade Pafúncio até sua gruta, onde conversaram até o pôr do sol (fim do dia). Diz a tradição que um anjo trouxe a comida para eles naquela tarde. No dia seguinte, Onofre disse ao abade que Deus lhe revelara que iria morrer em breve. E assim aconteceu. Acompanhando as orações de Pafúncio, Onofre entregou sua vida a Deus. Foi sepultado numa abertura da rocha, tampada com pedras.

Esta história, escrita pelo abade Pafúncio, ficou conhecida pelos cristãos a partir do século IV. Assim Onofre começou a ser invocado pelas pessoas que sofriam por várias necessidades, mas especialmente pelas que tinham o costume prejudicial da bebida.

Muitos milagres são atribuídos ao monge Onofre, seja pelos fiéis da Igreja Católica, seja pelos da Igreja Ortodoxa.

PRIMEIRO DIA

Fé

Iniciemos a novena a Santo Onofre, invocando a presença da Santíssima Trindade:

– Em nome do Pai, do Filho e do Espírito Santo. Amém.

Reflexão

Neste primeiro dia, vamos meditar sobre a fé, que é o ponto de partida para toda experiência de vida cristã. É a fé que leva à mudança, e a graça de Deus a sustenta. Santo Onofre foi um homem de grande fé.

Disse Jesus: "Buscai, primeiro de tudo, o Reino de Deus e a sua justiça..." (Lc 6,31). Esta é a razão que motivou Onofre: antes de tudo, buscar a vontade de Deus.

Antes de usufruir de suas riquezas patrimoniais, antes de aumentar seus poderes, antes de procurar aplausos do mundo, ele escutou o chamado para retirar-se e ocupar sua vida no que é mais importante para si, e também para os outros.

Muitas vezes, Jesus valorizou a fé das pessoas: "A tua fé te salvou" (Mt 9,22), "Ó mulher, grande é a tua fé" (Mt 15,28). Estas expressões se repetem nos Evangelhos. Na carta aos Hebreus, São Tiago a define: "A fé é a certeza do que se espera e a prova do que não se vê" (Hb 11,1). E como exemplo de atitude de fé, ele cita um testemunho da antiga Aliança: "Pela fé, Abraão obedeceu ao chamado de partir para um lugar que devia receber como herança; e partiu sem saber para onde ia" (Hb 11,8).

Rezemos com fé

Ó Santo Onofre, que, com a força da fé e da graça de Deus, decidistes vencer o prazer da bebida para dedicar a vida à oração e à penitência, no deserto, eu creio na vossa intercessão junto a Deus.

Olhai para todas as famílias que sofrem as consequências do excesso da bebida. Livrai desse vício o meu familiar ou amigo (*dizer o nome*), que ele tenha a força de viver na sobriedade.

Santo Onofre, intercedei pela cura dos alcoolistas e de todos os que precisam libertar-se das drogas.

Pai-Nosso, Ave-Maria, Glória.

Santo Onofre, rogai por nós!

SEGUNDO DIA

Oração na vida de Onofre

Iniciemos com muita fé este segundo dia de nossa novena, invocando a presença da Santíssima Trindade:

– Em nome do Pai, do Filho e do Espírito Santo. Amém.

Reflexão

Hoje vamos meditar sobre a oração na vida de Onofre.

Algumas pessoas sentem "sede de *algo mais*" para suas vidas. Assim aconteceu com Onofre, que, errando o caminho, se dessedentava com a bebida. Mais tarde ele descobriu o que lhe plenificava todo desejo: a oração.

O encontro com Deus é sempre de amor. "Jesus foi para um lugar deserto, e ali orava" (Mc 1,35). "Jesus passou a noite orando ao Pai" (Lc 6,12). Em oração, Jesus escutava o Pai e dele recebia toda força para seu ministério.

A busca do deserto para cultivar a oração não aconteceu somente nos primeiros séculos do Cristianismo. A história oferece para nós, hoje, testemunhos de pessoas que a viveram em tempos mais recentes e, respondendo ao chamado de Deus, doaram suas vidas em oração. Assim, para citar apenas alguns: *Charles de Foucauld*, que afirmava que "Valemos pelo que amamos", e "nunca amaremos o bastante"; e *Carlos Carretto*, o contemplativo que ouviu o chamado de Deus que lhe dizia: "Quero-te em oração... Não mais na ação". Transformado, Carlos voltou depois do deserto para exercer seu ministério entre as pessoas.

Rezemos com fé

Senhor Jesus, eu não sei rezar. Mas vós sois o mestre de oração. Por isso, confio que o vosso exemplo de vida de oração seja um testemunho que me ensina e me leva a seguir-vos na vida orante, enquanto me dedico às ações de solidariedade.

Ajudai-me a perceber os sinais de vossa presença na minha vida e nos acontecimentos do dia a dia. Que esta experiência de oração me leve a mudar e transformar minhas atitudes egoístas em atitudes de solidariedade. Amém.

Pai-Nosso, Ave-Maria, Glória.

Santo Onofre, rogai por nós!

TERCEIRO DIA

A Palavra que tira a sede

Continuemos, com muita fé, a novena a Santo Onofre, invocando a presença da Santíssima Trindade:

– Em nome do Pai, do Filho e do Espírito Santo. Amém.

Reflexão

Vamos refletir sobre a Palavra que tira a sede.

Diz a Bíblia sagrada: "Dias virão quando hei de mandar à terra uma fome, e não será fome de pão nem sede de água, e sim de ouvir a Palavra do Senhor" (Am 8,11).

Seguindo esta Palavra, Onofre mudou a qualidade de sua sede; não mais a bebida que nunca sacia, mas aquela que, além de saciar a sede, leva à experiência da promessa divina: "... Quem beber da água que eu darei, nunca mais terá sede, porque a água que eu darei se tornará nele uma fonte de água jorrando para a vida eterna" (Jo 4,14).

A água que Jesus nos dá é a sua própria vida, a Eucaristia, e a sua Palavra. A Palavra é o sinal de sua presença.

Ler com fé a Sagrada Escritura nos ajuda a ver o invisível que se expressa através das palavras. O fato de não entendermos tudo o que ela diz não nos dispensa de lê-la, porque as palavras da Bíblia são como as brasas: se soprarmos na direção delas, conseguiremos reanimá-las; e, ativando-as com o sopro, maior será a chama; então, podemos iluminar-nos com seu clarão e aquecer-nos com seu calor. A fé é dom de Deus, mas o empenho para vivê-la depende de nós.

Rezemos com fé

Com o salmista da Bíblia, eu também quero rezar:

"Como a corça anseia
por leitos de água,
assim minha alma anseia por ti,
ó Deus.
Minha alma está com sede de Deus,
do Deus vivo.
Quando entrarei e me farei ver
diante de Deus?"
(Sl 42,2-3).

Pai-Nosso, Ave-Maria, Glória.
Santo Onofre, rogai por nós!

QUARTO DIA

A procura pelo essencial

Continuemos, com muita fé, a novena a Santo Onofre, invocando a presença da Santíssima Trindade.

– Em nome do Pai, do Filho e do Espírito Santo. Amém.

Reflexão

Quem deseja colocar-se na escuta da Palavra, sabe quanto o silêncio é necessário. O jovem Onofre sentiu esta exigência: colocar-se na busca do essencial para sua vida, cultivando o silêncio interior e exterior.

Decidiu então retirar-se para um lugar silencioso, no deserto do Saara, no norte da África, onde ouvira dizer que alguns eremitas já haviam se refugiado a fim de dedicar-se especialmente à oração.

No clima de silêncio, sustentado pela Palavra de Deus, Onofre sentia-se habitado pela presença de Deus. Como o apóstolo São Paulo, considerou os bens materiais como não essenciais para viver. Renunciou a tudo. Diz o apóstolo: "Considero tudo como prejuízo diante deste bem supremo que é o conhecimento do Cristo Jesus, meu Senhor. Por causa dele, perdi tudo e considero tudo como lixo, a fim de ganhar Cristo e ser encontrado unido a ele" (Fl 3,8-9).

Na renúncia aos bens materiais, Onofre sentiu-se mais livre para sua caminhada em busca do essencial. Só o amor constrói: é o que importa viver.

Rezemos com fé

Senhor Jesus, como o jovem Onofre, desejo procurar-vos no silêncio, no desapego dos bens e na oração. É um caminho difícil, mas vós sois o Mestre divino em quem encontro o ombro amigo, que me orienta e me faz companhia em todos os momentos, especialmente nas horas em que sinto mais solidão.

O despojamento não se realiza de uma vez. É como subir uma escada, degrau por degrau, até chegarmos ao patamar: a intimidade com Deus.

Concedei-me, Senhor, um coração desprendido. Creio que a única segurança é o apoio da vossa misericórdia para comigo.

Pai-Nosso, Ave-Maria, Glória.

Santo Onofre, rogai por nós!

QUINTO DIA

Os sinais falam...

Continuemos, com muita fé, a novena a Santo Onofre, invocando a presença da Santíssima Trindade:

– Em nome do Pai, do Filho e do Espírito Santo. Amém.

Reflexão

A vida no deserto coloca o ser humano em contato direto com a natureza: toda a ecologia, como criatura do projeto de Deus, resplandece na sua realidade. No alto, cobrindo toda a Terra, brilha o sol, a lua, milhões de estrelas; embaixo, em grande extensão de areia, um ponto verde indica um pequeno oásis ao longe: tudo leva a um grande respeito contemplativo.

E a mente humana vai absorvendo o mistério da natureza!

Por que existem os astros? Que valor tem a escassez de água no deserto? Que sentido tem a extensão de areia? Quem comanda o vento? E o ar que respiramos?

Estes sinais agem no silêncio, mas aguardam quem os interprete.

Aos poucos, o ser humano vai fazendo espaço dentro de si para entender a linguagem da natureza. E, de joelhos, une-se à "oração da natureza"!

Louvado seja o bom Deus Criador!

Rezemos com fé

Eu também posso louvar a Deus Criador, com o salmista da Bíblia:

"Os céus narram a glória de Deus,
o firmamento anuncia a obra
de suas mãos.
O dia transmite ao dia a mensagem

e a noite conta a notícia a outra noite.
Não é uma fala, nem são palavras,
não se escuta a sua voz.
... Também teu servo neles se instrui,
para quem os observa é grande o
proveito" (Sl 19,2-5.12).

Pai-Nosso, Ave-Maria, Glória.
Santo Onofre, rogai por nós!

SEXTO DIA

Liberar as raízes

Com muita confiança, continuemos a novena a Santo Onofre, invocando a presença da Santíssima Trindade:

Em nome do Pai, do Filho e do Espírito Santo. Amém.

Reflexão

Vamos refletir hoje sobre o que significa "liberar as raízes".

A história nos conta que Onofre, no início de sua experiência no deserto, encontrou muita dificuldade para adequar-se ao novo estilo de vida.

O que mais lhe custou não foi o silêncio exterior – as conversas, o barulho das ruas, os sons que provinham da cidade –, mas o silêncio interior. Isto é, dominar os pensamentos negativos, perdoar aqueles que tinham provocado nele certas mágoas. Enfim, precisava libertar-se de todas as formas de egoísmo, dos sentimentos de raiva e vingança, e de algum erro na consciência.

Ali ele entendeu que não adiantaria cuidar da árvore de sua vida para que produzisse bons frutos e pudesse crescer em flores e frutos. Era necessário liberar as raízes, purificá-las, regá-las com água limpa, adubá-las com adubo novo e vitaminado.

Só com o auxílio do alto, com a ajuda daquele Mestre que ensina o caminho a seguir, a verdade que salva e a vida que é eterna, somente guiado por sua mão, Onofre poderia vencer esta batalha. E ele venceu!

Rezemos com fé

Invoquemos a Jesus Mestre:

Jesus Mestre Verdade (cf. Jo 14,6)
pensa através de minha mente!

Jesus Mestre Caminho,
vai à frente de minhas decisões,
desejos e ações...

Jesus Mestre Vida,
libertai-me dos pensamentos inúteis,
dos julgamentos apressados,
das doenças físicas,
psicológicas, espirituais.

Pai-Nosso, Ave-Maria, Glória.
Santo Onofre, rogai por nós!

SÉTIMO DIA

A fidelidade de Santo Onofre

Continuemos com muita fé e confiança a novena a Santo Onofre, invocando a presença da Santíssima trindade:

– Em nome do Pai, do Filho e do Espírito Santo. Amém.

Reflexão

Meditemos sobre a fidelidade de Santo Onofre. No deserto, ele permaneceu mais de sessenta anos, diz a tradição cristã.

Começar uma nova vida tem sempre o entusiasmo de uma aventura: a pessoa se sente, até certo ponto, preparada para enfrentar qualquer dificuldade que possa vir pelo caminho. E a novidade sempre atrai... Mas perseverar no caminho iniciado não é prática de todos. Porque a fidelidade supõe paciência, aceitação das dificuldades que se encontram, renúncia a muitas necessidades que surgem, doenças que o corpo pode apresentar com o avanço da idade. Além disso, Onofre teve que acostumar-se aos incômodos da fome, do frio, do calor. Seu alimento eram ervas e alguns frutos silvestres, que o fizeram emagrecer, deixando-o desfigurado.

A força da graça de Deus, a luz de sua Palavra, a consolação de sua presença deram-lhe forças para viver e perseverar até o fim na vocação empreendida. O apóstolo Paulo já profetizara: "O que Deus preparou para os que o amam é algo que os olhos jamais viram, nem os ouvidos ouviram, nem coração algum jamais pressentiu" (1Cor 2,9).

Rezemos com fé

A fidelidade dos santos, como testemunha Santo Onofre, baseia-se na fidelidade do amor de Deus. Façamos nossa oração confirmando nossa fé nas palavras do apóstolo Paulo: "É fiel o Deus que vos chamou à comunhão com seu Filho, Jesus Cristo, nosso Senhor" (1Cor 1,9).

A minha segurança é a fidelidade com que Deus me ama.

Pai-Nosso, Ave-Maria, Glória.

Santo Onofre, rogai por nós!

OITAVO DIA

O amor de Deus para conosco

Vamos continuar, com muita fé, a novena a Santo Onofre, invocando a presença da Santíssima Trindade:

– Em nome do Pai, do Filho e do Espírito Santo. Amém.

Reflexão

A Palavra de Deus nos traz fortes expressões sobre o amor que Deus, nosso Pai, tem para conosco, seus filhos.

Quando tudo vai bem em nossa vida, temos saúde, trabalho, família em paz, somos acostumados a pensar que isto acontece porque Deus nos ama. Mas quando nos surpreende uma doença, ou perdemos o emprego, ou as coisas não acontecem como gostaríamos, então temos a impressão de que Deus ignora nossas orações, ou que ele esqueceu-se de nós. Somos até capazes de perder a fé ou mudar de religião.

Por que isto acontece conosco? É que não entendemos ainda quanto Deus nos ama. É na cruz de Cristo que está o poder do amor de Deus.

Jesus não prometeu para seus seguidores uma vida sem dificuldades. Nós caminhamos pela fé, e esta pode ser colocada à prova, e muitas vezes nossa fé não nos faz ver claramente. E andamos às apalpadelas.

Já o apóstolo Paulo gloriava-se de sua fragilidade, porque era então que sentia o poder da força de Cristo que o socorria (cf. 2Cor 12,9).

Deus, em seu amor para conosco, é maior que nossas dificuldades.

Rezemos com fé

Renovemos nossa fé e confiança orando com as palavras de Jesus:

"Vinde a mim todos os que estais cansados e sobrecarregados, e vos darei descanso. Tomai meu jugo e aprendei de mim, que sou tolerante e humilde de coração" (Mt 11,28-29).

"Assim como o Pai me amou, assim também eu vos amei. Permanecei em meu amor" (Jo 15,9).

"Vós sois meus amigos se fizerdes o que vos ordeno" (Jo 15,14).

Pai-Nosso, Ave-Maria, Glória.

Santo Onofre, rogai por nós!

NONO DIA

Dom da vida

Vamos finalizar nossa novena a Santo Onofre, invocando a presença da Santíssima Trindade:

– Glória ao Pai, ao Filho e ao Espírito Santo. Amém.

Reflexão

Santo Onofre viveu muitos anos, alcançando uma vida longa mesmo entre muitas dificuldades no deserto. O que o manteve fiel ao dom da vida? O que o fez crescer em idade, na fé, na fidelidade à oração, na resistência a qualquer tipo de dificuldade? O que o fez perseverar nesta vocação?

Não fui entrevistá-lo, mas acredito que posso interpretar onde se baseou sua fidelidade: na alegria da presença de Deus, na confiança naquele Mestre-amigo que o orientava mesmo entre as penumbras da fé; ajudava-o também a fidelidade da natureza iluminando cada dia, fiel ao projeto de Deus.

Esta é a alegria da fé. Ele podia dizer a Deus: "Senhor, não vos vejo, mas vos sinto!".

"Alegria da fé" é a mais profunda atitude de quem se aproxima da verdadeira oração.

Rezemos com fé

Se uma pessoa deseja reiniciar uma vida de sobriedade, a nós, familiares ou amigos, cabe a atitude de acolhimento, de ajuda em todos os sentidos da convivência.

Para manter esta atitude cristã temos a força da Palavra de Deus, que diz: "Qual Deus existe como tu, que apagas a iniquidade e esqueces o pecado? Ele não guarda rancor para sempre, o que ama é a misericórdia. Voltará a compadecer-se de nós, esquecerá nossas iniquidades e lançará ao fundo do mar todos os nossos pecados" (Mq 7,18).

Pai-Nosso, Ave-Maria, Glória.

Santo Onofre, rogai por nós!

Conclusão

Neste final da novena, agradecemos a Deus a possibilidade que nos deu de conhecer a vida de Santo Onofre, de admirar seu testemunho numa experiência de vida difícil, tão cheia de renúncias, mas plenificada com a presença divina.

Na história do cristianismo, encontramos o testemunho de várias pessoas a quem agradecemos, e, na Comunhão dos Santos, fazemos nossa a oração em que Santo Agostinho de Hipona (África) revela sua experiência de conversão. Dirigindo-se a Deus, ele nos confirma a possibilidade de mudança de uma vida libertina para a vida de paz, no seguimento de Jesus Cristo.

Eis aqui o início desta confissão oracional:

"Tarde te amei, ó Beleza tão antiga
e tão nova...

Tarde te amei! Trinta anos estive longe de Deus.
Mas, durante este tempo, algo se movia dentro de meu coração.
Eu era inquieto, alguém que buscava a felicidade,
buscava algo que não achava.

Mas tu te compadeceste de mim e tudo mudou,
porque tu me deixaste conhecer-te.
Entrei no meu íntimo sob a tua guia, e consegui
porque tu te fizeste meu auxílio...".

NOSSAS DEVOÇÕES
(Origem das novenas)

De onde vem a prática católica das novenas? Entre outras, podemos dar duas respostas: uma histórica, outra alegórica.

Historicamente, na Bíblia, no início do livro dos Atos dos Apóstolos, lê-se que, passados quarenta dias de sua morte na Cruz e de sua ressurreição, Jesus subiu aos céus, prometendo aos discípulos que enviaria o Espírito Santo, que lhes foi comunicado no dia de Pentecostes.

Entre a ascensão de Jesus ao céu e a descida do Espírito Santo, passaram-se nove dias. A comunidade cristã ficou reunida em torno de Maria, de algumas mulheres e dos apóstolos. Foi a primeira novena cristã. Hoje, ainda a repetimos todos os anos, orando, de modo especial, pela unidade dos cristãos. É o padrão de todas as outras novenas.

A novena é uma série de nove dias seguidos em que louvamos a Deus por suas maravilhas, em particular, pelos santos, por cuja intercessão nos são distribuídos tantos dons.

Alegoricamente, a novena é antes de tudo um ato de louvor ao Pai, ao Filho e ao Espírito Santo, Deus três vezes Santo. Três é número perfeito. Três vezes três, nove. A novena é louvor perfeito à Trindade. A prática de nove dias de oração, louvor e súplica confirma de maneira extraordinária nossa fé em Deus que nos salva, por intermédio de Jesus, de Maria e dos santos.

O Concílio Vaticano II afirma: "Assim como a comunhão cristã entre os que caminham na terra nos aproxima mais de Cristo, também o convívio com os santos nos une a Cristo, fonte e cabeça de que provêm todas as graças e a própria vida do povo de Deus" (*Lumen Gentium*, 50).

Nossas Devoções procura alimentar o convívio com Jesus, Maria e os santos, para nos tornarmos cada dia mais próximos de Cristo, que nos enriquece com os dons do Espírito e com todas as graças de que necessitamos.

Francisco Catão

Coleção Nossas Devoções

- *Dulce dos Pobres: novena e biografia* – Marina Mendonça
- *Francisco de Paula Victor: história e novena* – Aparecida Matilde Alves
- *Frei Galvão: novena e história* – Pe. Paulo Saraiva
- *Imaculada Conceição* – Francisco Catão
- *Jesus, Senhor da vida: dezoito orações de cura* – Francisco Catão
- *João Paulo II: novena, história e orações* – Aparecida Matilde Alves
- *João XXIII: biografia e novena* – Marina Mendonça
- *Maria, Mãe de Jesus e Mãe da Humanidade: novena e coroação de Nossa Senhora* – Aparecida Matilde Alves
- *Menino Jesus de Praga: história e novena* – Giovanni Marques Santos
- *Nhá Chica: Bem-aventurada Francisca de Paula de Jesus* – Aparecida Matilde Alves
- *Nossa Senhora Aparecida: história e novena* – Maria Belém
- *Nossa Senhora da Cabeça: história e novena* – Mario Basacchi
- *Nossa Senhora da Luz: novena e história* – Maria Belém
- *Nossa Senhora da Penha: novena e história* – Maria Belém
- *Nossa Senhora da Salete: história e novena* – Aparecida Matilde Alves
- *Nossa Senhora das Graças ou Medalha Milagrosa: novena e origem da devoção* – Mario Basacchi
- *Nossa Senhora de Caravaggio: história e novena* – Leomar A. Brustolin e Volmir Comparin
- *Nossa Senhora de Fátima: novena* – Tarcila Tommasi
- *Nossa Senhora de Guadalupe: novena e história das aparições a São Juan Diego* – Maria Belém
- *Nossa Senhora de Nazaré: novena e história* – Maria Belém
- *Nossa Senhora Desatadora dos Nós: história e novena* – Frei Zeca
- *Nossa Senhora do Bom Parto: novena e reflexões bíblicas* – Mario Basacchi
- *Nossa Senhora do Carmo: novena e história* – Maria Belém
- *Nossa Senhora do Desterro: história e novena* – Celina Helena Weschenfelder
- *Nossa Senhora do Perpétuo Socorro: história e novena* – Mario Basacchi
- *Nossa Senhora Rainha da Paz: história e novena* – Celina Helena Weschenfelder

- *Novena à Divina Misericórdia* – Tarcila Tommasi
- *Novena das Rosas: história e novena de Santa Teresinha do Menino Jesus* – Aparecida Matilde Alves
- *Novena em honra ao Senhor Bom Jesus* – José Ricardo Zonta
- *Ofício da Imaculada Conceição: orações, hinos e reflexões* – Cristóvão Dworak
- *Orações do cristão: preces diárias* – Celina Helena Weschenfelder
- *Os Anjos de Deus: novena* – Francisco Catão
- *Padre Pio: novena e história* – Maria Belém
- *Paulo, homem de Deus: novena de São Paulo Apóstolo* – Francisco Catão
- *Reunidos pela força do Espírito Santo: novena de Pentecostes* – Tarcila Tommasi
- *Rosário dos enfermos* – Aparecida Matilde Alves
- *Rosário por uma transformação espiritual e psicológica* – Gustavo E. Jamut
- *Sagrada Face: história, novena e devocionário* – Giovanni Marques Santos
- *Sagrada Família: novena* – Pe. Paulo Saraiva
- *Sant'Ana: novena e história* – Maria Belém
- *Santa Cecília: novena e história* – Frei Zeca
- *Santa Edwiges: novena e biografia* – J. Alves
- *Santa Filomena: história e novena* – Mario Basacchi
- *Santa Gemma Galgani: história e novena* – José Ricardo Zonta
- *Santa Joana d'Arc: novena e biografia* – Francisco de Castro
- *Santa Luzia: novena e biografia* – J. Alves
- *Santa Maria Goretti: história e novena* – José Ricardo Zonta
- *Santa Paulina: novena e biografia* – J. Alves
- *Santa Rita de Cássia: novena e biografia* – J. Alves
- *Santa Teresa de Calcutá: biografia e novena* – Celina Helena Weschenfelder
- *Santa Teresinha do Menino: novena e biografia* – Jesus Mario Basacchi
- *Santo Afonso de Ligório: novena e biografia* – Mario Basacchi
- *Santo Antônio: novena, trezena e responsório* – Mario Basacchi
- *Santo Expedito: novena e dados biográficos* – Francisco Catão
- *Santo Onofre: história e novena* – Tarcila Tommasi

- *São Benedito: novena e biografia* – J. Alves
- *São Bento: história e novena* – Francisco Catão
- *São Brás: história e novena* – Celina Helena Weschenfelder
- *São Cosme e São Damião: biografia e novena* – Mario Basacchi
- *São Cristóvão: história e novena* – Mário José Neto
- *São Francisco de Assis: novena e biografia* – Mario Basacchi
- *São Francisco Xavier: novena e biografia* – Gabriel Guarnieri
- *São Geraldo Majela: novena e biografia* – J. Alves
- *São Guido Maria Conforti: novena e biografia* – Gabriel Guarnieri
- *São José: história e novena* – Aparecida Matilde Alves
- *São Judas Tadeu: história e novena* – Maria Belém
- *São Marcelino Champagnat: novena e biografia* – Ir. Egídio Luiz Setti
- *São Miguel Arcanjo: novena* – Francisco Catão
- *São Pedro, Apóstolo: novena e biografia* – Maria Belém
- *São Peregrino Laziosi* – Tarcila Tommasi
- *São Roque: novena e biografia* – Roseane Gomes Barbosa
- *São Sebastião: novena e biografia* – Mario Basacchi
- *São Tarcísio: novena e biografia* – Frei Zeca
- *São Vito, mártir: história e novena* – Mario Basacchi
- *Senhora da Piedade: setenário das dores de Maria* – Aparecida Matilde Alves
- *Tiago Alberione: novena e biografia* – Maria Belém

Rua Dona Inácia Uchoa, 62
04110-020 – São Paulo – SP (Brasil)
Tel.: (11) 2125-3500
http://www.paulinas.com.br – editora@paulinas.com.br
Telemarketing e SAC: 0800-7010081